Impressum
Verlag: BABADADA GmbH, Nedderfeld 112 , 22529 Hamburg
Geschäftsführer / Verlagsleitung: Harald Hof
Druck: Books on Demand GmbH, In de Tarpen 42, 22848 Norderstedt

Imprint
Publisher: BABADADA GmbH, Nedderfeld 112 , 22529 Hamburg, Germany
Managing Director / Publishing direction: Harald Hof
Print: Books on Demand GmbH, In de Tarpen 42, 22848 Norderstedt

AF175504

duɗal
el colegio

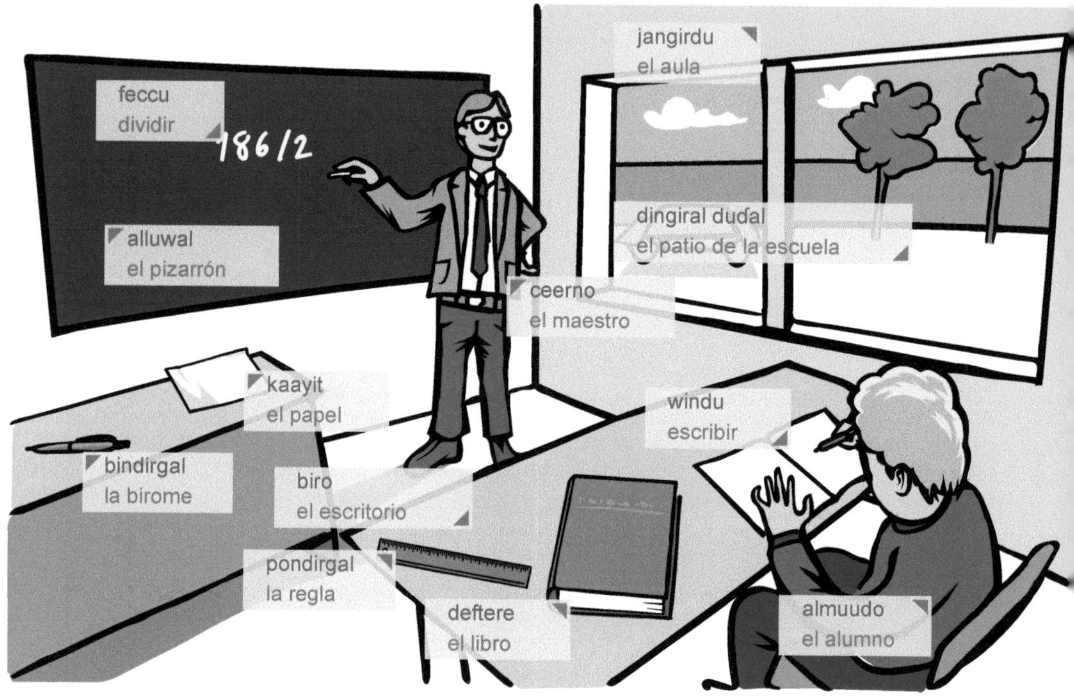

jangirdu
el aula
feccu
dividir
186/2
alluwal
el pizarrón
dingiral duɗal
el patio de la escuela
ceerno
el maestro
kaayit
el papel
windu
escribir
bindirgal
la birome
biro
el escritorio
pondirgal
la regla
deftere
el libro
almuudo
el alumno

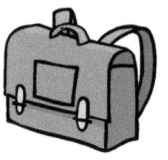

sakosel

la mochila

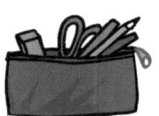

suudu kuɗol

la caja de lápices

kuɗol

el lápiz

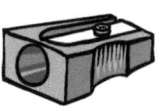

ceeɓnoowo kuɗol

el sacapuntas

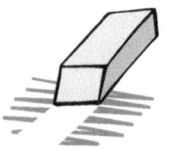

momtirgal

la goma (de borrar)

nokku diidirɗo

el bloc de dibujo

diidgol

el dibujo

diidirgal

el pincel

suudu diidordu

la caja de pinturas

sisooje

la tijera

kol

el pegamento

deftere softinorde

el cuaderno de ejercicios

coftinogol

la tarea

tongoode

el número

beydu

sumar

ustu

restar

hebbin

multiplicar

lim

calcular

bataake

la letra

hijju

el abecedario

hello

kongol

la palabra

windande

el texto

jangu

leer

bindirgal

la tiza

darsu

la lección

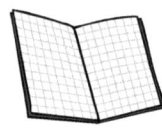

windaade

el cuaderno de clase

ẏeewtogol

el examen

ijaazi

el certificado

wutte janirɗo

el uniforme escolar

jande

la educación

ɗowitorde mawnde

la enciclopedia

jaaɓi haatirde

la universidad

mokoroskop

el microscopio

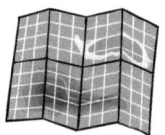

wertaango

el mapa

siwo mbalis

el tacho (de basura)

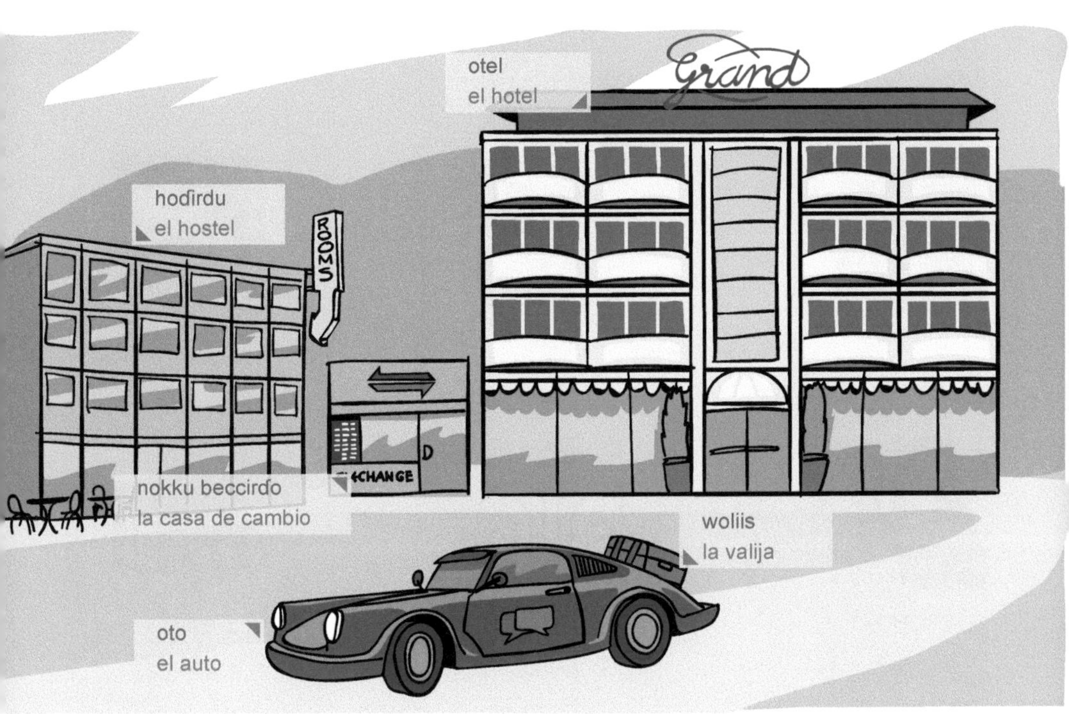

otel
el hotel
Grand
hoɗirdu
el hostel
ROOMS
nokku beccirɗo
la casa de cambio
CHANGE
woliis
la valija
oto
el auto

ɗemngal
el idioma

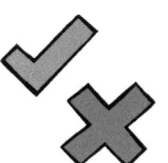

ey / ala
sí / no

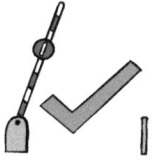

Eyyo
Está bien

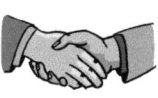

mbaɗɗa
hola

pirtoowo
el traductor

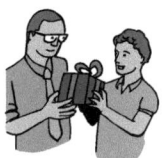

jaraama
Gracias

hono foti...?

¿cuánto cuesta…?

mi faamaani

No entiendo

satteende

el problema

jam hiiri

¡Buenas tardes!

jam waali

¡Buenos días!

jam waal

¡Buenas noches!

baay baay

el adiós

ngardiindi

la dirección

kaake

el equipaje

saak

el bolso

saak bakke

la mochila

koɗo

el invitado

suudu

la habitación

saak ɗaanorɗo

la bolsa de dormir

taanta

la carpa

ɗannaade - el viaje

kabaaru jillotooɗo

la información turística

palaaz

la playa

kartal keredii

la tarjeta de crédito

kasitaari

el desayuno

bottaari

el almuerzo

hiraande

la cena

tikkett

el pasaje

suutde

el ascensor

tembere

el sello

keerol

la frontera

soodooɓe

la aduana

ambasaat

la embajada

wiisa

la visa

paaspoor

el pasaporte

yangarta
el transporte

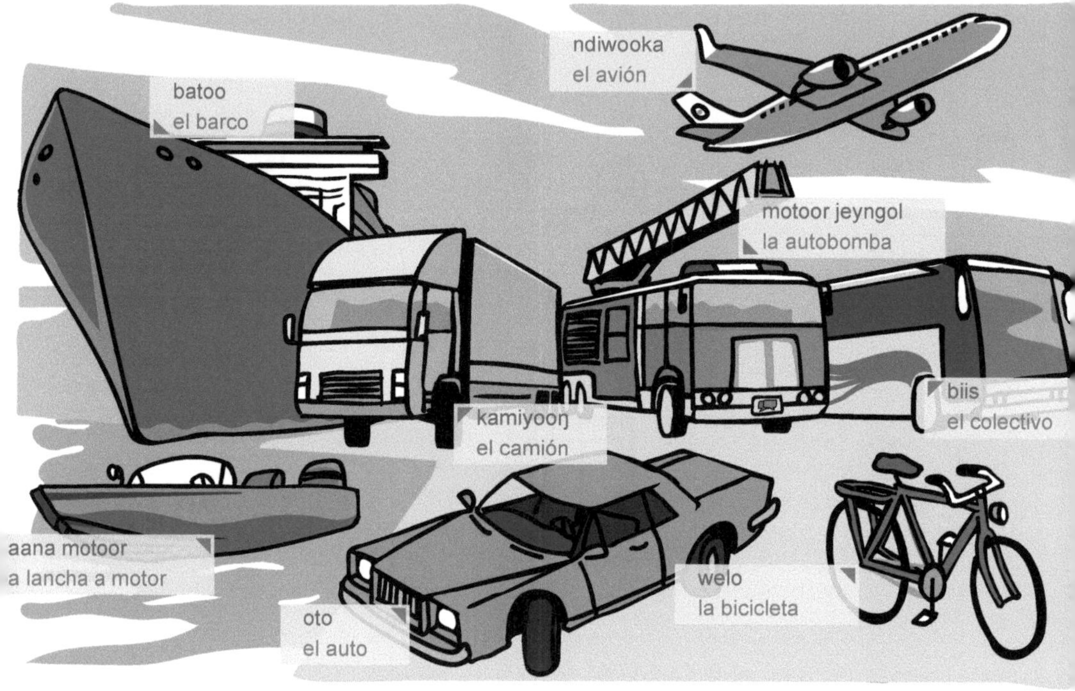

ndiwooka
el avión

batoo
el barco

motoor jeyngol
la autobomba

biis
el colectivo

kamiyoŋ
el camión

aana motoor
a lancha a motor

welo
la bicicleta

oto
el auto

baak
el ferry

laana
el bote

welo motoor
la moto

oto poliis
el patrullero

oto dandu
el auto de carreras

otoluwaaɗo
el auto de alquiler

rendude oto

el alquiler de autos

lenge

la grúa

kamiyooŋ salo

el camión de la basura

moto

el motor

gaas

la nafta

esaaseer

la estación de servicio

maantorde tali

la señal de tránsito

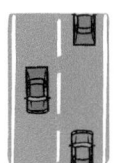

tali

el tránsito

bittugol tali

el embotellamiento

darnirde oto

el estacionamiento

dartorde teree

la estación de tren

laabi

las vías

teree

el tren

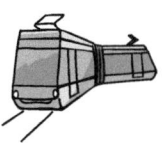

taraam

el tranvía

nawgol

el vagón

elikooteer

el helicóptero

aydapoor

el aeropuerto

hubeere

la torre

jahoowo

el pasajero

kontaneer

el contenedor

kees

la caja de cartón

saret

la carretilla

siwo

la canasta

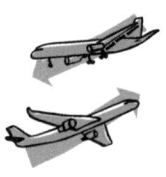

diw / tello

despegar / aterrizar

wuro

la ciudad

saare

el pueblo

hakkunde wuro

el centro de la ciudad

galle

la casa

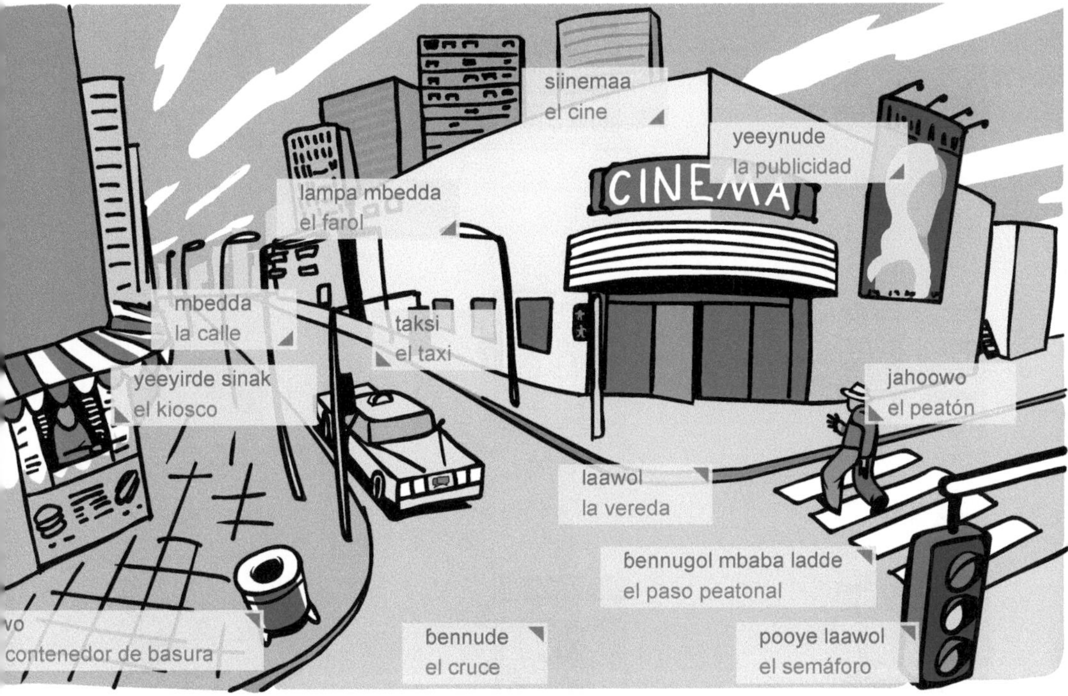
siinemaa
el cine
yeeynude
la publicidad
CINEMA
lampa mbedda
el farol
mbedda
la calle
taksi
el taxi
yeeyirde sinak
el kiosco
jahoowo
el peatón
laawol
la vereda
ɓennugol mbaba ladde
el paso peatonal
vo
contenedor de basura
ɓennude
el cruce
pooye laawol
el semáforo

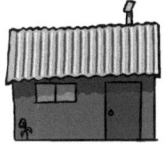

tiba

la cabaña

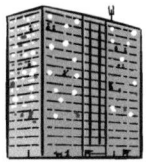

hoɗorde

el departamento

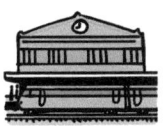

dartorde teree

la estación de tren

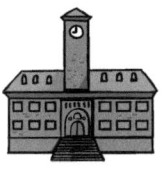

meeri

la municipalidad

MUSEUM

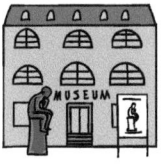

miise

el museo

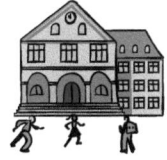

duɗal

el colegio

jaaɓi haatirde

la universidad

baŋke

el banco

safrirdu

el hospital

otel

el hotel

farmasii

la farmacia

gollorde

la oficina

yeeyirde defte

la librería

yeeyirde

el negocio

mo nehoowo leɗɗe

la florería

duggere

el supermercado

jeere

el mercado

yeeyirde diiwaan

las grandes tiendas

mo gawoowo

la pescadería

nokku njeeygu

el centro comercial

telloorde

el puerto

parka

el parque

jooɗorde

el banco

pooŋ

el puente

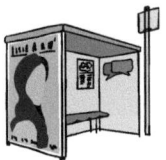

ŋabbirɗe

las escaleras

les leydi

el subte

laawol les

el túnel

dartorde biis

la parada del colectivo

baar

el bar

restoraaŋ

el restaurante

suudu posto

el buzón

maantorde mbedda

el letrero

meetorde parka

el parquímetro

nehirde kulle

el zoológico

pisiin

la pileta

jumaa

la mezquita

wuro - la ciudad

ngesa

la granja

bonande

la contaminación

genaale

el cementerio

ekiliis

la iglesia

dingiral

los juegos infantiles

tempele

el templo

satto

el paisaje

derewol
la hoja

maantogal
el poste indicador

laawol
el camino

paraad
la pradera

haayre
la piedra

diwoowo
el excursionista

lekki
el árbol

caangol
el río

hudo
la hierba

baramlefol
la flor

fongo
el valle

tiwaande
la montaña

weendu
el lago

dundu
el bosque

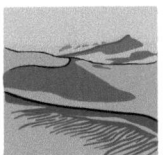

ladde
el desierto

wolkaaŋ
el volcán

hoɗorde
el castillo

timtimol
el arco iris

wiiduru gaynaako
el champiñón

lekki koko
la palmera

ɓongu
el mosquito

diw
la mosca

ñuuñu
la hormiga

ñaaku
la abeja

njabala
la araña

karaab

el escarabajo

paaɓa

la rana

jiire

la ardilla

nguru paaɓa

el erizo

wojere

la liebre

hooweere

la lechuza

ndiwri

el pájaro

kankaleewal

el cisne

fowru

el jabalí

lella

el ciervo

kooba

el alce

baaraas

la presa

seɗa hendu

el aerogenerador

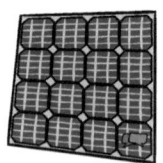

mbeɗu naange

el panel solar

kilimaaŋ

el clima

restoraaŋ
el restaurante

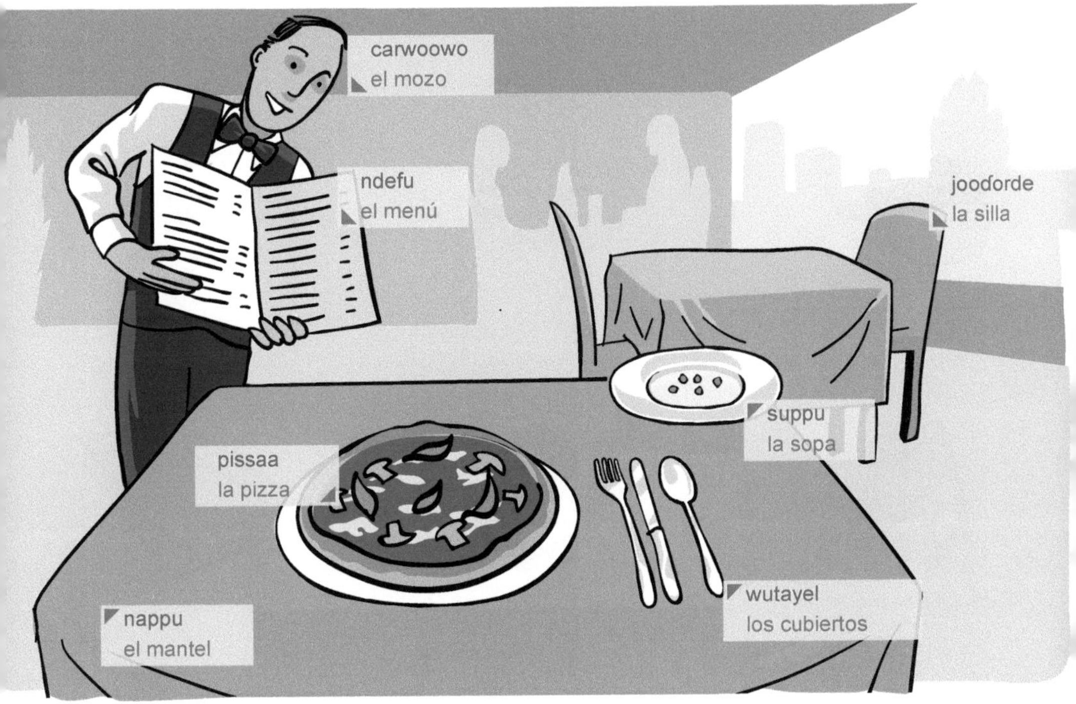

carwoowo
el mozo
ndefu
el menú
jooɗorde
la silla
suppu
la sopa
pissaa
la pizza
wutayel
los cubiertos
nappu
el mantel

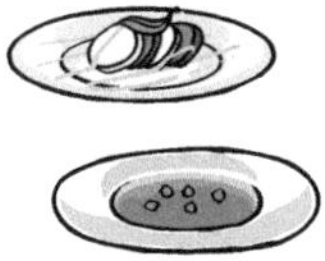

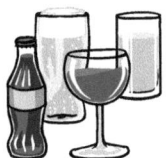

puɗɗorɗo
la entrada

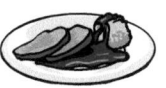

barme mawɗo
el plato principal

deseer
el postre

njarameeje
las bebidas

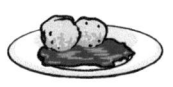

ñamri
la comida

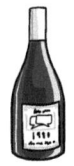

bitel
la botella

fastfuut

la comida rápida

ñaamde mbedda

la comida callejera

pot ataaya

la tetera

taasa suukara

la azucarera

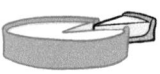

geɗal

la porción

masiŋ esperesoo

la cafetera expreso

jooɗorde toownde

la sillita alta

faktiir

la cuenta

terey

la bandeja

paaka

el cuchillo

fursett

el tenedor

kuddu

la cuchara

kuddu ataaya

la cucharita

torsooŋ

la servilleta

weer

el vaso

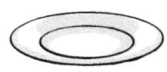

palaat
el plato

palaat suppu
el plato hondo

coosoowo
el plato

soos
la salsa

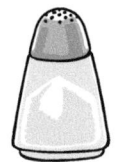

pot lamɗam
el salero

poobaar
el molinillo de pimienta

wineegar
el vinagre

diwliin
el aceite

kaaniije
las especias

ketsoop
el kétchup

mutaarde
la mostaza

maynees
la mayonesa

duggere
el supermercado

dokkal teentungal
la oferta especial
FOR
coodoowo
el cliente
deftel
los lácteos
ɓingel leggal
la fruta
saret
el changuito

BUTCHERS

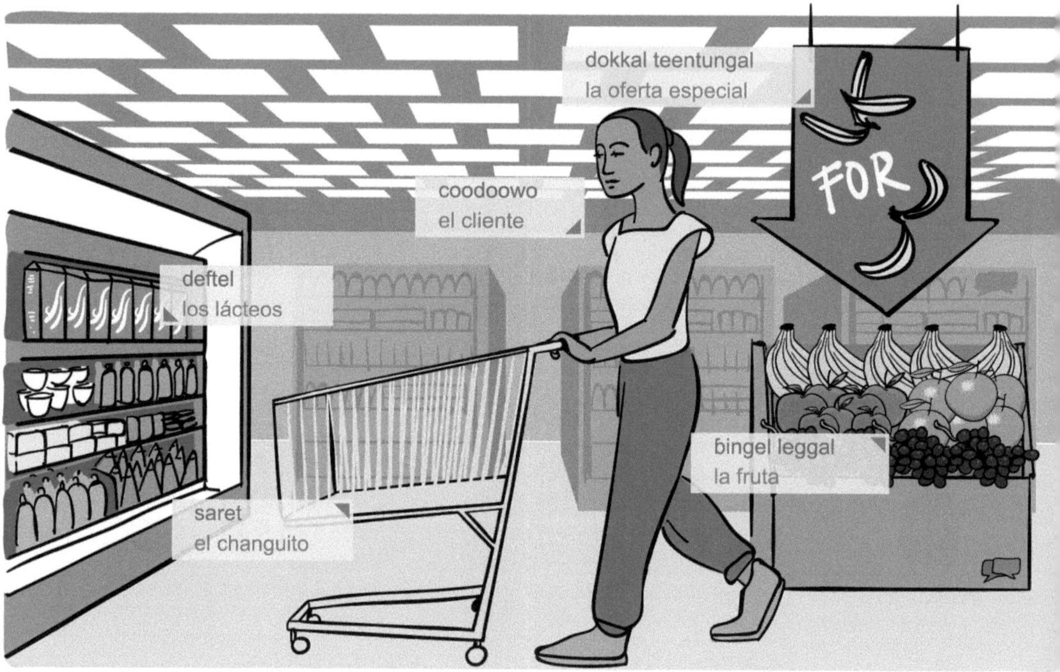

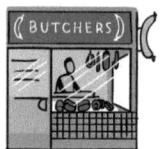

mo jeeyoowo teewu

la carnicería

BAKERY

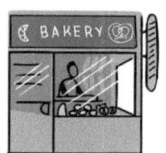

mo piyoowo mburu

la panadería

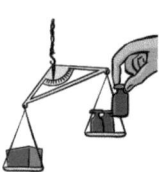

ɓett

pesar

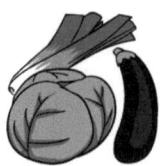

ɓiɓe leɗɗe

las verduras

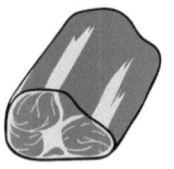

teewu

la carne

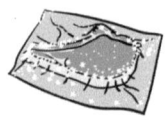

ñamri fendiindi

los alimentos congelados

teewu ɓuuɓngu

los fiambres

ñamri

los alimentos enlatados

omo

el detergente en polvo

tangaleeji

las golosinas

geɗe galle

los electrodomésticos

geɗe laɓɓinooje

los productos de limpieza

jeeyoowo

la vendedora

hippoode

la caja

ngaluyanke

el cajero

limo soodetee

la lista de compras

waktuuji gudditeeɗi

el horario de atención

kalbe

la billetera

kartal keredii

la tarjeta de crédito

saak

la cartera

saak dalli

la bolsa de plástico

ndiyam

el agua

sii

el jugo

kosam

la leche

Koowk

la bebida cola

sangara

el vino

sangara

la cerveza

alkol

el alcohol

koka

el cacao

ataaya

el té

kafe

el café

esperesoo

el café expreso

kaputsiino

el cappuccino

banaana

la banana

pomere

la manzana

oraaŋs

la naranja

dende

el melón

limoŋ

el limón

karott

la zanahoria

laac

el ajo

bambuu

el bambú

soblere

la cebolla

wiiduru gaynako

el champiñón

gerte

las nueces

kodde

los fideos

espaketii

los tallarines

maaro

el arroz

solaat

la ensalada

sipse

las papas fritas

padaas pasnaaɗo

las papas fritas

pissaa

la pizza

amburgoor

la hamburguesa

sandiis

el sándwich

tayre

el churrasco

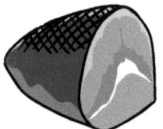

heltinde

el jamón

salaami

el salame

soosiis

la salchicha

gertogal

el pollo

juɗe

el asado

liingu

el pescado

karaw

los copos de avena

miyesli

el muesli

butaali makka

los copos de maíz

cafka

la harina

koraasaŋ

la medialuna

loocol mburu

el pancito

mburu

el pan

mburu

la tostada

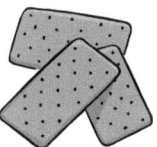

mbiskit

las galletitas

boor

la manteca

caakri

la cuajada

ngato

la torta

boofoode

el huevo

bofoode defaaɗo

el huevo frito

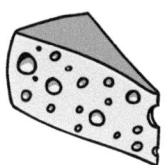

formaas

el queso

kerem galaas

el helado

suukara

el azúcar

njuumri

la miel

piire

la mermelada

soosde sokola

la pasta de chocolate

kiri

el curry

galle ngesa
la granja

sufirdu
el fardo de paja

hudo
el granero

boowal
el campo

puccu
el caballo

poodoowo
el remolque

masiŋ ndema
el tractor

fuuwal
el potrillo

mbabba
el burro

njawdi
la oveja

mbortu
el cordero

ndamndi

la cabra

ngaari

la vaca

ñale

el ternero

mbaba tugal

el cerdo

bingel tugal

el lechón

ngaari

el toro

jaawalal

el ganso

jaawangal

el pato

gertogal

el pollo

jarlal

la gallina

ngori

el gallo

doombru

la rata

ulluundu

el gato

dombru

el ratón

ngaari

el buey

rawaandu

el perro

suudu rawaandu

la cucha

lekki werte

la manguera

bitel ndiyam

la regadera

jalo

la guadaña

jabbude

el arado

wafdu

la hoz

caga

la azada

furset yettirɗo

la horquilla

jambere

el hacha

burwett

la carretilla

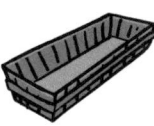

jardugal

el abrevadero

bitel kosam

la lechera

bonnude

la bolsa

heerorde

la reja

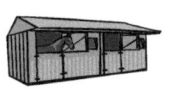

dari

el establo

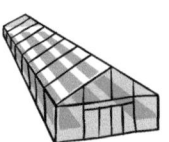

resofmaaŋ

el invernadero

leydi

el suelo

aawdi

la semilla

engere

el fertilizador

rendin coñoowo

la cosechadora

soñ

cosechar

coñal

la cosecha

ñambi

las batatas

ndiyamiri

el trigo

soozaa

la soja

padaas

la papa

makka

el maíz

aawdi adan

la semilla de colza

lekki ɓesnooki

el árbol frutal

kasaawa

la mandioca

gawri

los cereales

galle
la casa

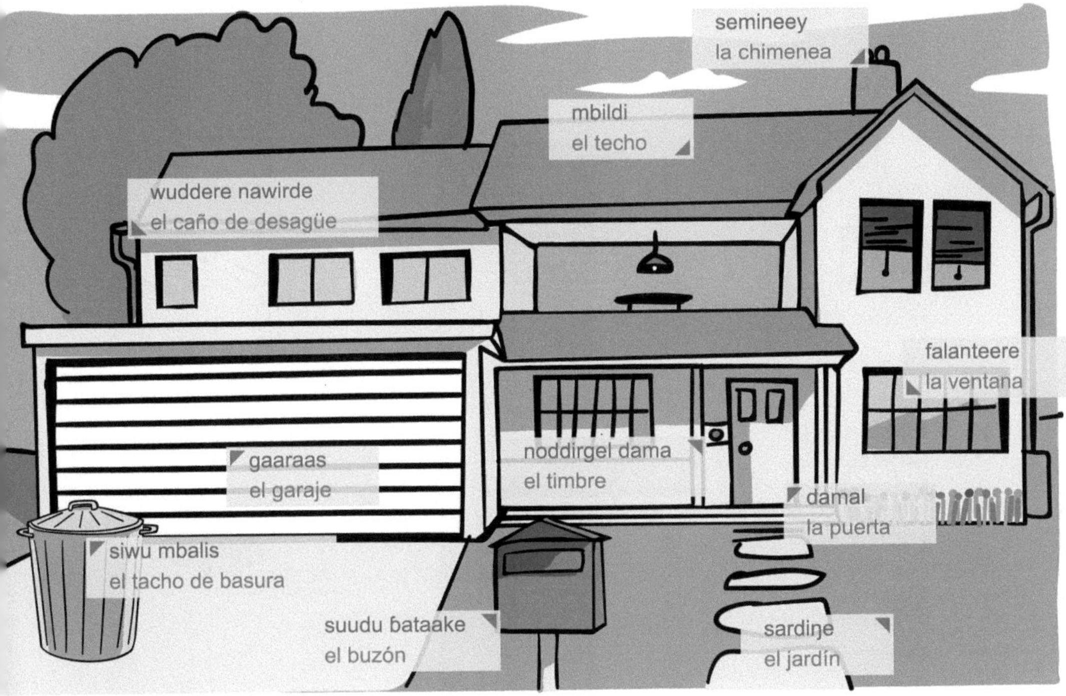

semineey
la chimenea
mbildi
el techo
wuddere nawirde
el caño de desagüe
falanteere
la ventana
gaaraas
el garaje
noddirgel dama
el timbre
damal
la puerta
siwu mbalis
el tacho de basura
suudu ɓataake
el buzón
sardiŋe
el jardín

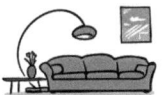

saal

el living

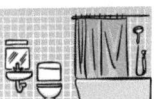

lootorde

el baño

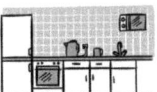

waañ

la cocina

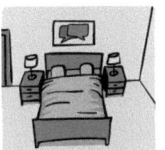

suudu lelteendu

el dormitorio

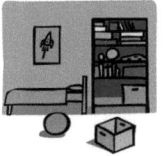

suudu suka

el cuarto de los chicos

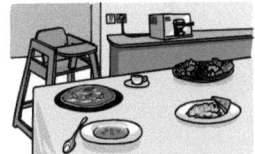

suudu hirtordu

el comedor

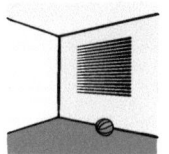

leydi

el piso

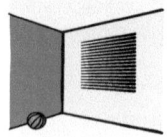

miir

la pared

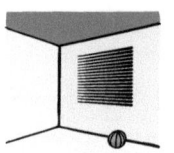

dira

el cielorraso

masiŋel

el sótano

soona

el sauna

balkooŋ

el balcón

teeraas

la terraza

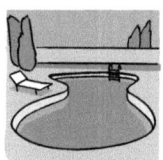

pisin

la pileta

tondoos

la cortadora de pasto

kaayit

la sábana

mbertanteeri

el acolchado

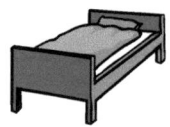

lelnde

la cama

pittirɗe

la escoba

siwoo

el balde

waylu

el interruptor

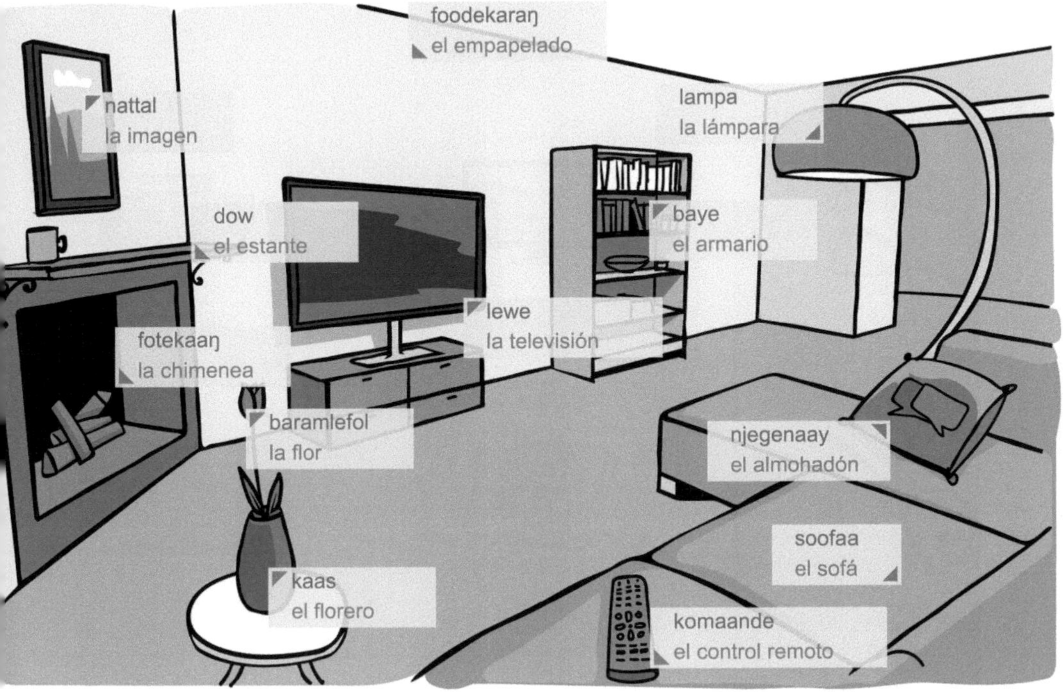

foodekaraŋ
el empapelado

nattal
la imagen

lampa
la lámpara

dow
el estante

baye
el armario

fotekaaŋ
la chimenea

lewe
la televisión

baramlefol
la flor

njegenaay
el almohadón

soofaa
el sofá

kaas
el florero

komaande
el control remoto

tappi
la alfombra

rido
la cortina

taabal
la mesa

jooɗorde
la silla

jooɗorde timmunde
la mecedora

tuggorde
el sillón

deftere

el libro

suddaare

la frazada

cinki

la decoración

docotal

la leña

filmo

la película

kuutorɗe hi-fi

el equipo de música

caabi

la llave

jaaynde

el diario

pentiirde

la pintura

posteer

el póster

haalirde

la radio

deftel mooftirgel

el cuaderno

ŋabbude

la aspiradora

siwo lekki

el cactus

sondel

la vela

la cocina

firigo
la heladera
defirdu mikoronde
el microondas
bacce waañ
la balanza de cocina
baɗoowo towste
la tostadora
labɓinoowo
el detergente
waañ
el horno
ɓuuɓnirde
el freezer
siwu mbalis
el tacho de basura
lawÿoowo kaake
el lavaplatos

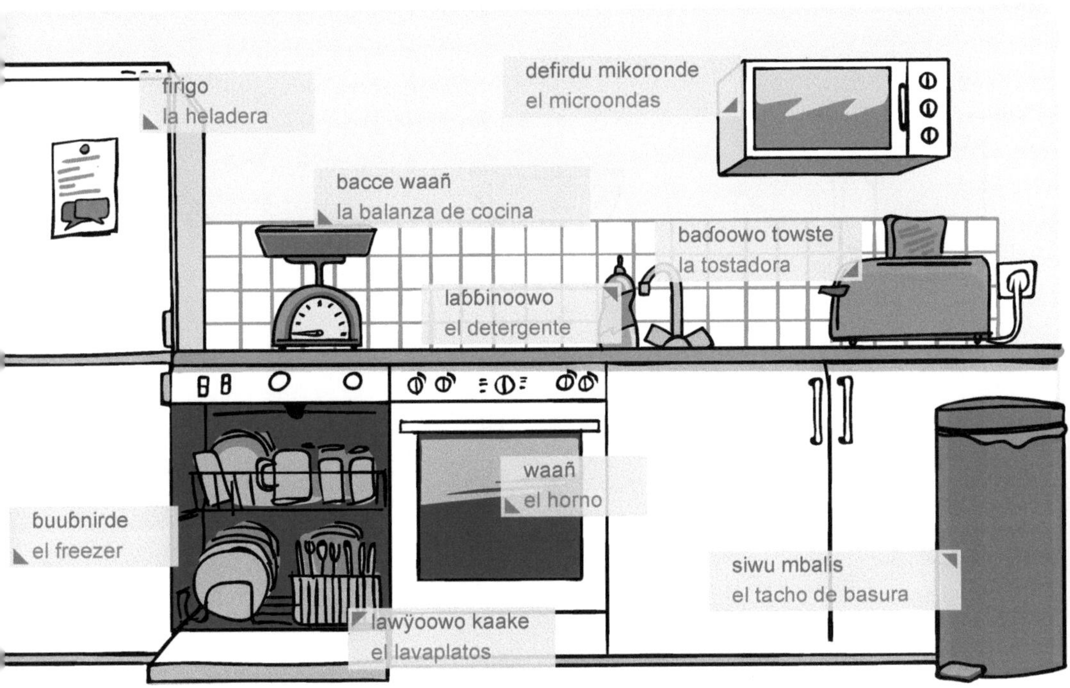

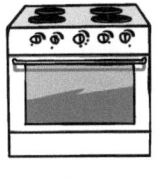

defoowo

la cocina

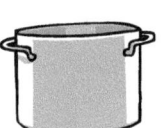

pot

la olla

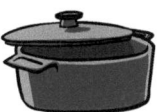

pot baɗɗo njamdi

la olla de hierro fundido

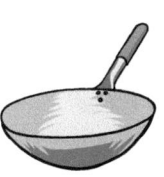

lehel

el wok

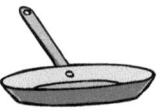

lahal

la sartén

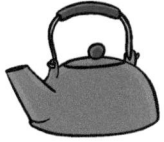

baraade

la pava

gulnoowo

la vaporera

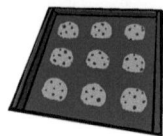

fuur cumirɗo

la bandeja de horno

wiisirde

la vajilla

kaas

la taza

taasa

el bol

bakett

los palitos

heɗirde

el cucharón

kuundal

la espátula

burgal

la batidora

gulnirɗo

el colador

pool

el colador

koosoowo

el rallador

wowru

el mortero

njuɗu

la parrilla

lewlewndu

la fogata

alluwal tayirgal

la tabla de picar

dullirgal

el palo de amasar

tenaay

el sacacorchos

potyel

la lata

udditirɗo potyel

el abrelatas

jaggoowo pot

la manopla

lawÿirde

la pileta

borisde

el cepillo

epoos

la esponja

jiiɓoowo

la batidora

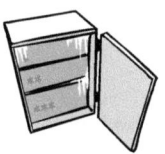

firigo juutɗo

el congelador

bitel tiggu

la mamadera

robine

la canilla

lootorde
el baño

wulnude
la calefacción
ɓuftogol
la ducha
sarbet
la toalla
rido ɓuftorde
la cortina de la ducha
sumbu lootorɗo
el baño de espuma
nokku lootorɗo
la bañadera
weer
el vaso
masiŋ guppirɗo
el lavarropas
robine
la canilla
biifi
las baldosas
woppirde
la pelela
lawŷirde
la pileta

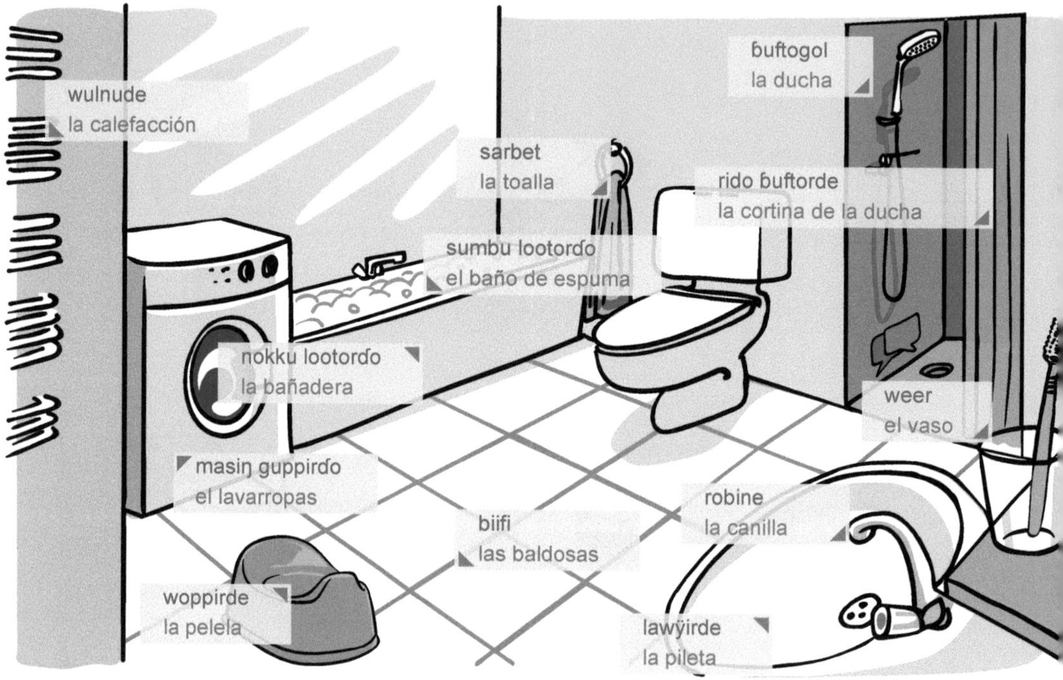

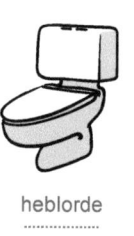

heblorde

el inodoro

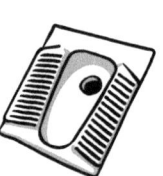

yaltirde les

la letrina

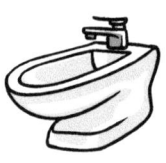

yaltirde

el bidé

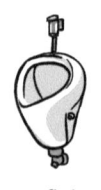

soofirde

el mingitorio

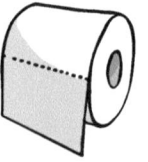

kaayit heblorde

el papel higiénico

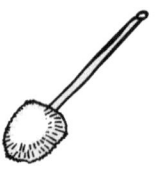

boros heblorde

el cepillo para el inodoro

boros ñiiÿe

el cepillo de dientes

pat cocorɗo

el dentífrico

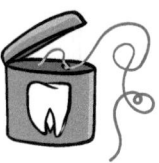

cocorgal

el hilo dental

lawyu

lavar

ɓuftorde jungo

la ducha de mano

jampe

la ducha higiénica

taasa

la palangana

boros keeci

el cepillo para la espalda

saabunde

el jabón

nebam ɓuftorde

el gel de ducha

sampoye

el shampoo

lootogel

la toallita

yupude

el desagüe

mileen

la crema

lati

el desodorante

daarogal

el espejo

daarogal jungo

el espejito

rasuwaar

la maquinita de afeitar

sumbu pemborđo

la espuma de afeitar

lallitirde

el aftershave

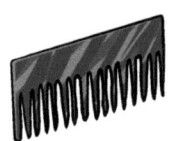

koomu

el peine

boros

el cepillo

yoorno hoore

el secador de pelo

uurna hoore

el spray

makiyaas

el maquillaje

lippo

el lápiz de labios

emaaye segene

el esmalte para uñas

wiro

el algodón

sisooje segene

la tijera para uñas

parfooŋ

el perfume

saawdu lawyirdu

el portacosméticos

kuudi

la banqueta

bacce ɓetirde

la balanza

wutte lootorɗo

la bata

kawaseeje dalli

los guantes de goma

tampooŋ

el tampón

sarbet laɓɓinoorɗo

la toallita femenina

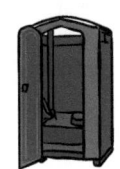

lootogol cellungol

el baño químico

suudu suka

el cuarto de los chicos

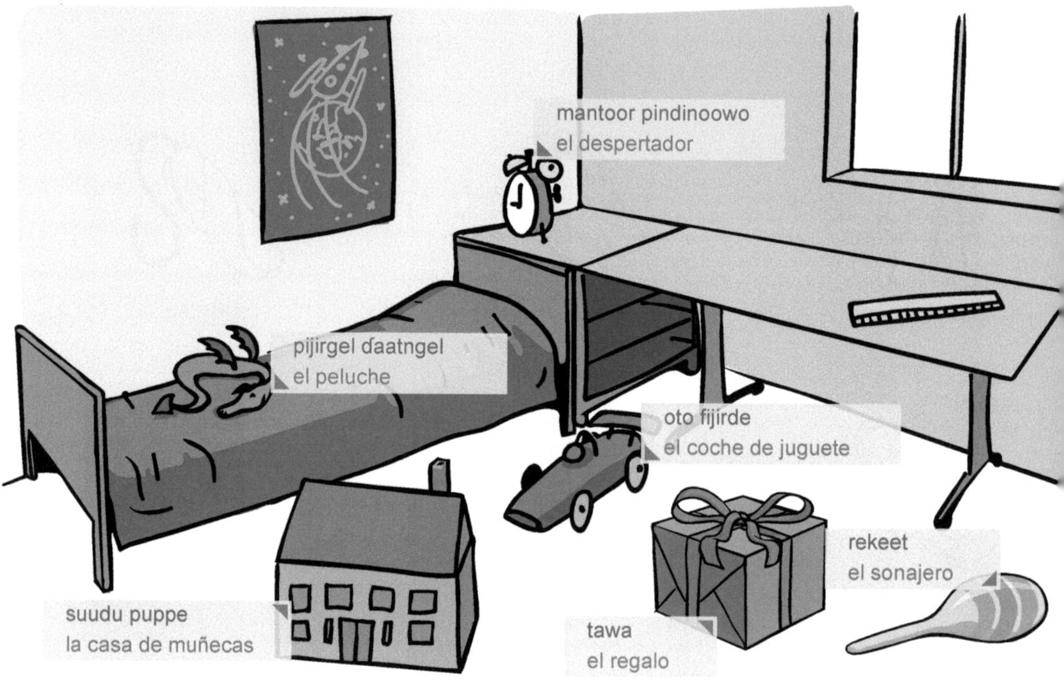

mantoor pindinoowo
el despertador
pijirgel ɗaatngel
el peluche
oto fijirde
el coche de juguete
rekeet
el sonajero
suudu puppe
la casa de muñecas
tawa
el regalo

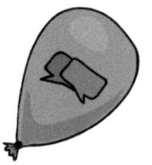

baloonŋ

el globo

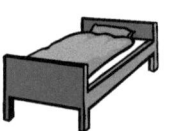

lelnde

la cama

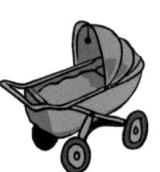

puus puus

el cochecito

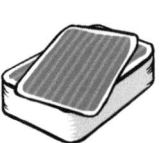

taabal karte

las cartas

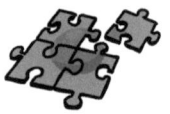

juwirgal

el rompecabezas

SUPER MEGA

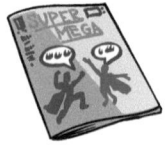

jalnii

la historieta

tuufeeje lego

las piezas de lego

kaaÿe maadi

los ladrillos de juguete

pijirgel suka

la figura de acción

wutte suka

el enterito (de bebé)

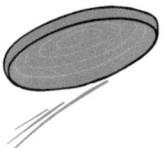

mbiifu

el frisbee

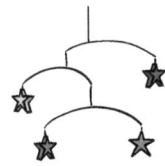

noddirgel

el móvil para bebés

fijirde alluwal

el juego de mesa

dee

los dados

tereŋ jahiroowo batiri

el tren eléctrico

ɗaayɗo

el chupete

hiirde

la fiesta

deftere natte

el libro de cuentos ilustrado

bal

la pelota

puppe

la muñeca

fij

jugar

ngaska leydi

el arenero

yirlude

la hamaca

pijirɗe

los juguetes

fijirde widoo peley

la consola de videojuegos

biifi tati

el triciclo

uluundu pijirgel

el osito de peluche

woliis

el armario

boornogol

la ropa

kawaseeje

las medias

baardinirɗi

las medias panty

dogirɗi

las calzas

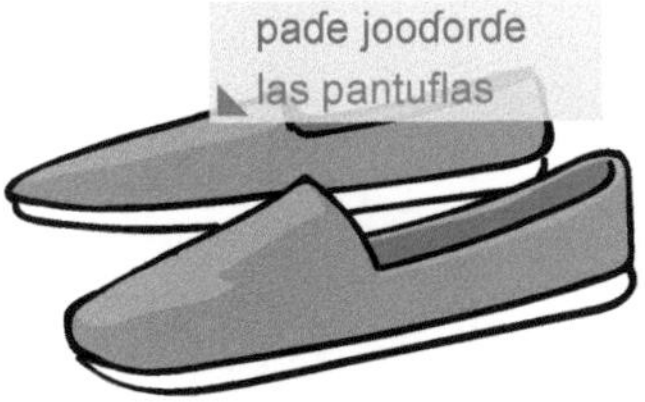

muurnorde
la bufanda

paraseewal
el paraguas

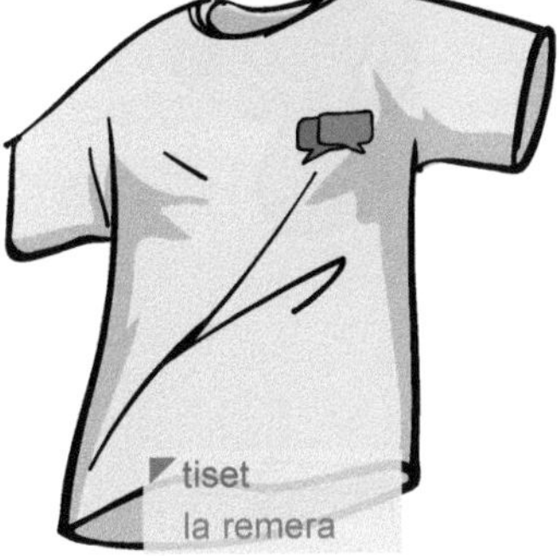

dadorde
el cinturón

tiset
la remera

bataaje
las botas

pade joodorde
las pantuflas

dogirde
las zapatillas

caraax
....
las sandalias

pade
....
los zapatos

bataaje dalli
....
las botas de goma

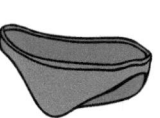

cakkirdi
....
la ropa interior

site ŋoos
....
el corpiño

weste
....
el chaleco

bandu

el body

tuuba

los pantalones

jiin

los jeans

sippu

la pollera

buluus

la blusa

wuttel

la camisa

piliweer

el pulóver

njallaaba

el buzo

balaseer suka

el blazer

jakett

la campera

sabandoor

el tapado

wutte toɓo

el piloto

kossim

el traje

robbo

el vestido

wutte cuddungu

el vestido de novia

cakkirɗo
....
el traje

robbo baalduɗo
....
el camisón

baaluɗi
....
el pijama

sari
....
el sari

fiilorde
....
el pañuelo para la cabeza

kaala
....
el turbante

misoor
....
la burka

haftan
....
el caftán

abaaye
....
la abaya

lumborɗo
....
el traje de baño

leɗɗe
....
el short de baño

kilooti
....
los shorts

dewirɗi
....
el jogging

aparooŋ
....
el delantal

kawase
....
los guantes

nebbu

el botón

lone

los anteojos

jawo

la pulsera

cakka

el collar

feggere

el anillo

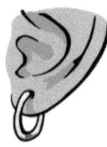

hootonde

el aro

laafa

la gorra

jaggirgal sabandoor

la percha

kufna

el sombrero

karwaat

la corbata

korsude

el cierre

tengaade

el casco

jawe

los tiradores

wutte jaɲirɗo

el uniforme escolar

dadorɗo

el uniforme

nappu suka
....
el babero

ɗaayɗo
....
el chupete

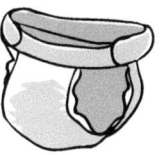

fooftini
....
el pañal

gollorde
la oficina

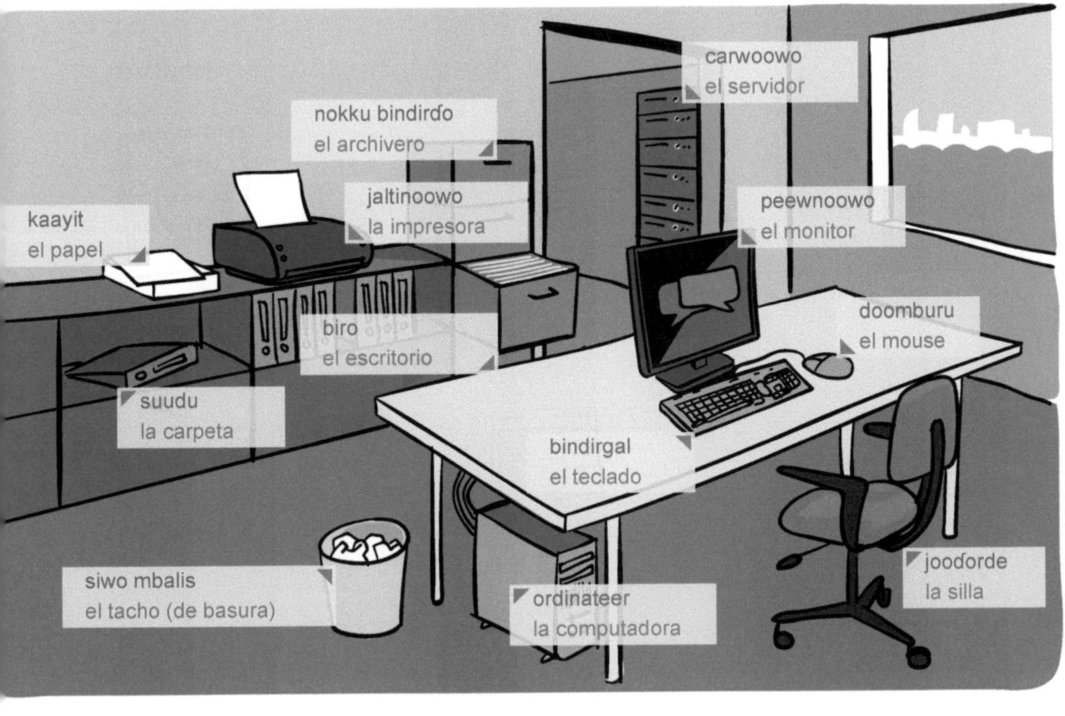

carwoowo
el servidor

nokku bindirɗo
el archivero

jaltinoowo
la impresora

peewnoowo
el monitor

kaayit
el papel

doomburu
el mouse

biro
el escritorio

suudu
la carpeta

bindirgal
el teclado

siwo mbalis
el tacho (de basura)

ordinateer
la computadora

jooɗorde
la silla

koppu kafe
....
la taza de café

tongirde
....
la calculadora

enternet
....
el internet

ordinateer

la laptop

ɓataake kaayit

la carta

ɓataake

el mensaje

noddirgel

el celular

jokkondiral

la red

nandinoowo

la fotocopiadora

kuutorgel

el software

noddirgel

el teléfono

piriis

el tomacorriente

masiŋ faksii

el fax

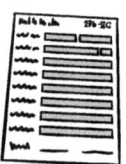

sifaa

el formulario

kaayit

el documento

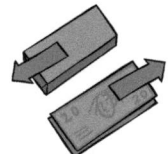

sood

comprar

yob

pagar

yeey

hacer negocios

kaalis

el dinero

USD

dolaar

el dólar

EUR

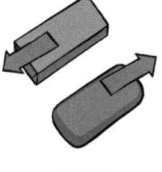

oro

el euro

JPY

yeen

el yen

RUB

ruubal

el rublo

CHF

siiwis farayse

el franco suizo

CNY

yuwaan renminbi

el yuan

INR

ruppii

la rupia

nokku ngalu

el cajero automático

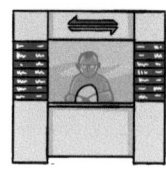

nokku beccirɗo

la casa de cambio

kaŋe

el oro

kaalis

la plata

peteroŋ

el petróleo

doole

la energía

coggu

el precio

jokkondiral

el contrato

lempo

el impuesto

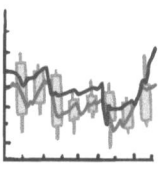

jeyii

la acción

liggo

trabajar

liggotooɗo

el empleado

ligginoowo

el empleador

isin

la fábrica

yeeyirde

el negocio

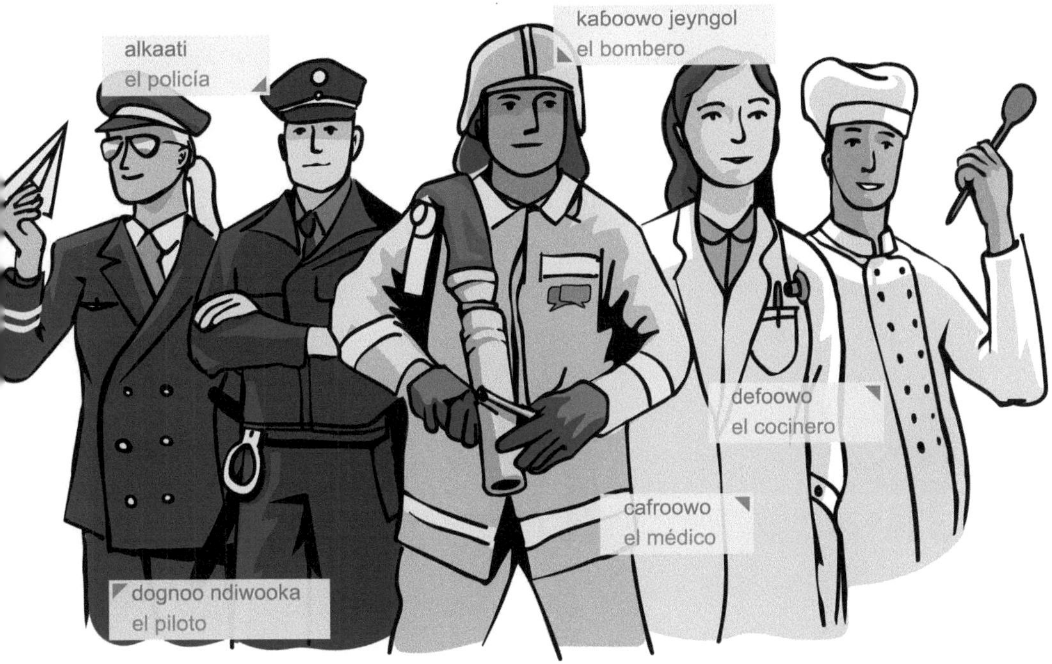

alkaati
el policía

kaɓoowo jeyngol
el bombero

defoowo
el cocinero

cafroowo
el médico

dognoo ndiwooka
el piloto

mooftoowo

el jardinero

meniise

el carpintero

gawoowo debbo

la modista

ñaawoowo

el juez

simiyanke

el farmacéutico

aktoor

el actor

diirnoowo biis

el colectivero

diirnoowo taksi

el taxista

gawoowo

el pescador

debbo pittoowo

la mucama

biloowo

el techista

carwoowo

el mozo

baañoowo

el cazador

diidoowo

el pintor

piyoo mburu

el panadero

peewnoo jeyngol

el electricista

mahoowo

el albañil

eseñoor

el ingeniero

buusee

el carnicero

polombiyee

el plomero

neɗɗo posto

el cartero

soldaat

el soldado

arsitekte

el arquitecto

ngaluyanke

el cajero

leɗɗeyanke

el florista

mooroowo

el peluquero

diirnoowo

el cobrador

peenoowo jamɗe

el mecánico

gardiiɗo

el capitán

safroowo ñiiÿe

el dentista

gando

el científico

babbiin

el rabino

almaami

el imán

muwaan

el monje

neɗɗo alla

el sacerdote

kuutorɗe
las herramientas

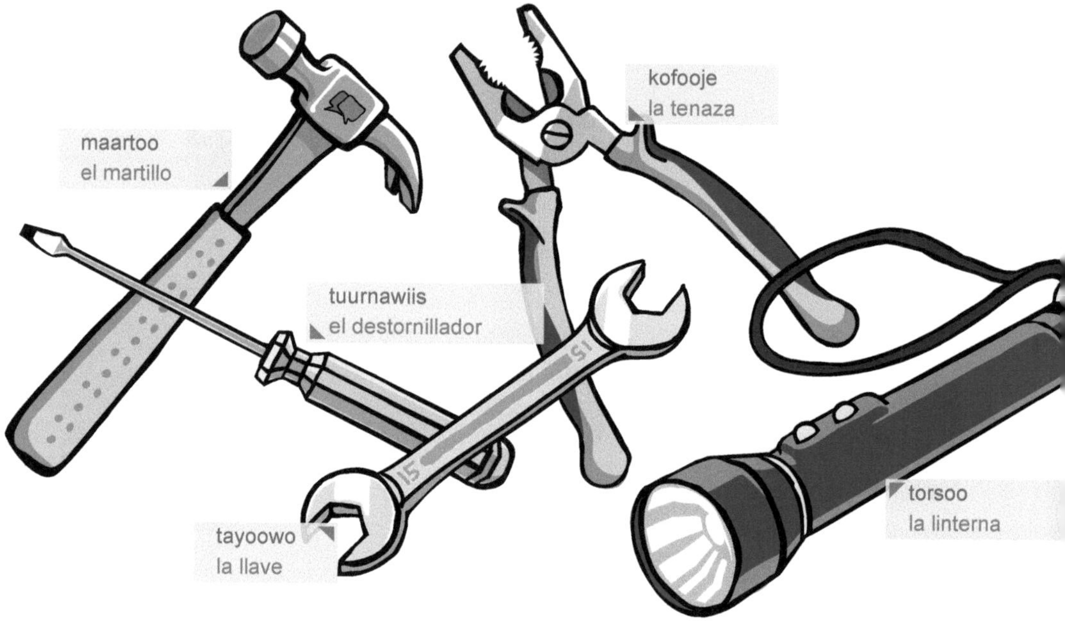
maartoo
el martillo
kofooje
la tenaza
tuurnawiis
el destornillador
tayoowo
la llave
torsoo
la linterna

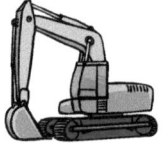

ngasirdi

la excavadora

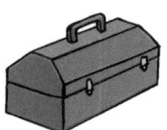

suudu kuutorɗe

la caja de herramientas

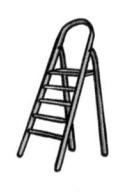

seel

la escalera portátil

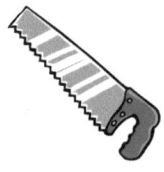

siiy

la sierra

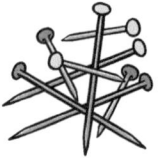

pontooje

los clavos

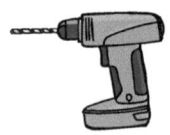

yuwirde

el taladro

feewnit

arreglar

nokkirde

la pala de jardín

sooot

¡Qué bronca!

peel

la pala de plástico

pot diidirɗo

el tacho de pintura

wiisuuji

los tornillos

pijirɗe
los instrumentos musicales

buuba
la batería

nikoro
el parlante

gitaar
la guitarra

dubal baas
el contrabajo

allaadu
la trompeta

piyaano

el piano

ñaañooru

el violín

baas

el bajo

timpaan

los timbales

bawɗi

el tambor

bindirgal

el teclado

saksofooŋ

el saxofón

coolumbel

la flauta

haaldude

el micrófono

nehirde kulle
el zoológico

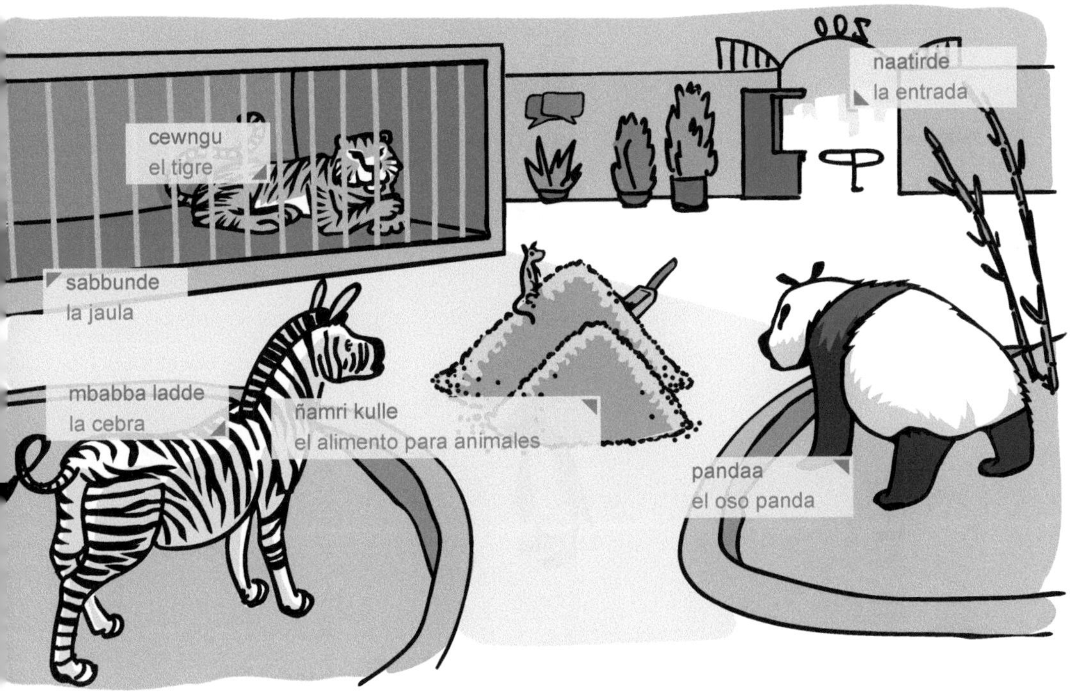

ZOO
naatirde
la entrada
cewngu
el tigre
sabbunde
la jaula
mbabba ladde
la cebra
ñamri kulle
el alimento para animales
pandaa
el oso panda

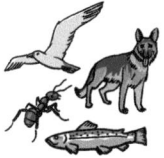

kulle

los animales

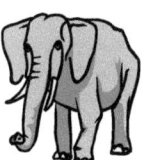

ñiiwa

el elefante

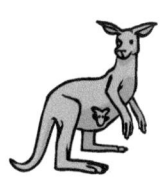

kanguruu

el canguro

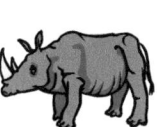

liwoongu

el rinoceronte

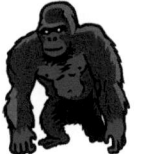

waandu

el gorila

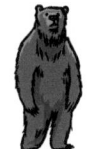

fowru

el oso

ngelooba

el camello

jaawagal

el avestruz

mbaroodi

el león

golo

el mono

ñaarpural

el flamenco

seku

el loro

fowru nees

el oso polar

peŋwee

el pingüino

reke

el tiburón

ngoriyal

el pavo real

mboddi

la serpiente

nooro

el cocodrilo

deenoowo kulle

el cuidador del zoológico

liingu

la foca

cewngu

el jaguar

molel puccu

el poni

cewlu

el leopardo

ngabu

el hipopótamo

ñamala

la jirafa

ciilal

el águila

fowru

el jabalí

liingu

el pescado

heende

la tortuga

morsee

la morsa

daga

el zorro

lella

la gacela

fugu koyngel Amarik
el fútbol americano

welo
el ciclismo

teniis
el tenis

basket
el básquet

lumbaade
la natación

bokse
el boxeo

okey e galaas
el hockey sobre hielo

fugu koyngel
el fútbol

badminton
el bádminton

dogduuji
el atletismo

fugu jungo
el handball

eskiiy
el esquí

polo
el polo

las actividades

jal
reír

diw
saltar

uurno
abrazar

yah
caminar

yim
cantar

hoyɗu
soñar

juul
rezar

buuco
besar

windu
escribir

diid
dibujar

hollu
mostrar

duñ
presionar

rokku
dar

naw
tomar

jogo

tener

wađ

hacer

won

ser

daro

estar parado

dog

correr

ittu

tirar

weddo

tirar

yan

caer

fen

estar acostado

fad

esperar

naw

llevar

joođo

estar sentado

boorno

vestirse

đaano

dormir

finn

despertar

ndaar

mirar

woy

llorar

fiiy

acariciar

koomu

peinar

haal

hablar

faam

entender

naamdo

preguntar

hetto

escuchar

yar

beber

ñaam

comer

haɓɓu

ordenar

yiɗ

amar

def

cocinar

diirnu

manejar

diw

volar

awyu

navegar

lim

calcular

jangu

leer

jangu

aprender

liggo

trabajar

res

casarse

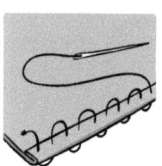

aaw

coser

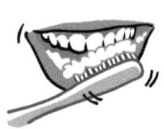

boris ñiiÿe

cepillarse los dientes

war

matar

simmo

fumar

neldu

enviar

ɓesngu
la familia

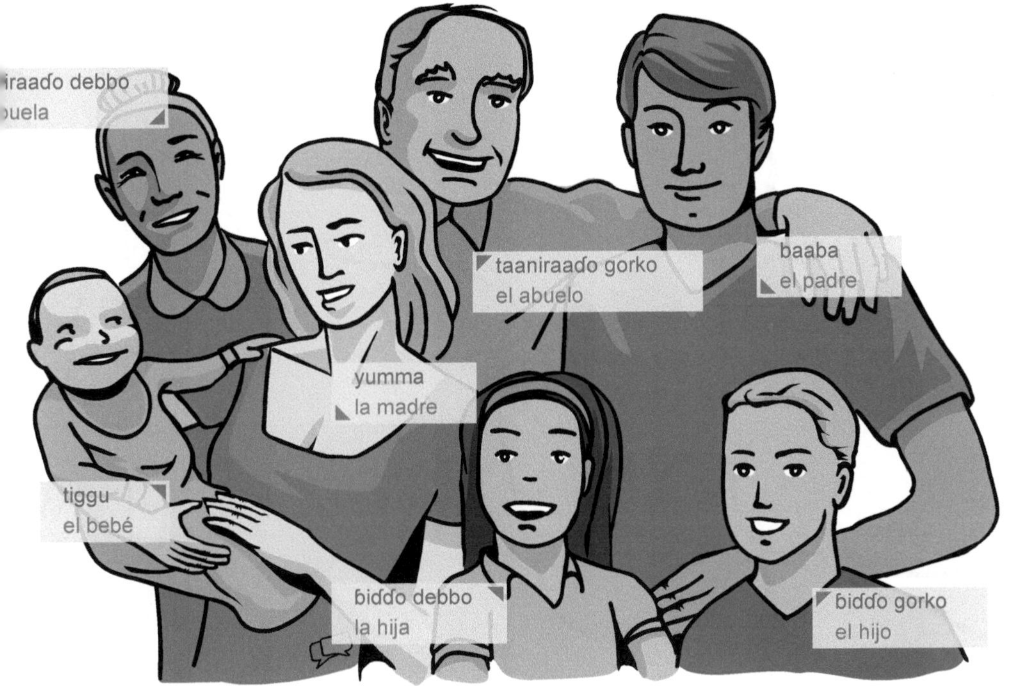
iraaɗo debbo
uela
taaniraaɗo gorko
el abuelo
baaba
el padre
yumma
la madre
tiggu
el bebé
ɓiɗɗo debbo
la hija
ɓiɗɗo gorko
el hijo

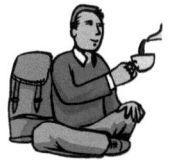

koɗo

el invitado

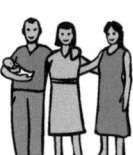

gogo

la tía

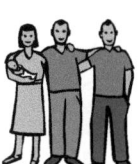

kaawiraaɗo

el tío

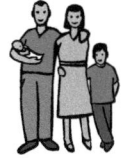

mawniraaɗo gorko

el hermano

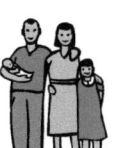

mawniraaɗo debbo

la hermana

ɓandu
el cuerpo

tiinde
la frente
yitere
el ojo
walabo
el hombro
feɗeendu
el dedo
yeeso
la cara
waare
la pera
jungo
la mano
korlal
la pierna
endu
el pecho
jungo
el brazo

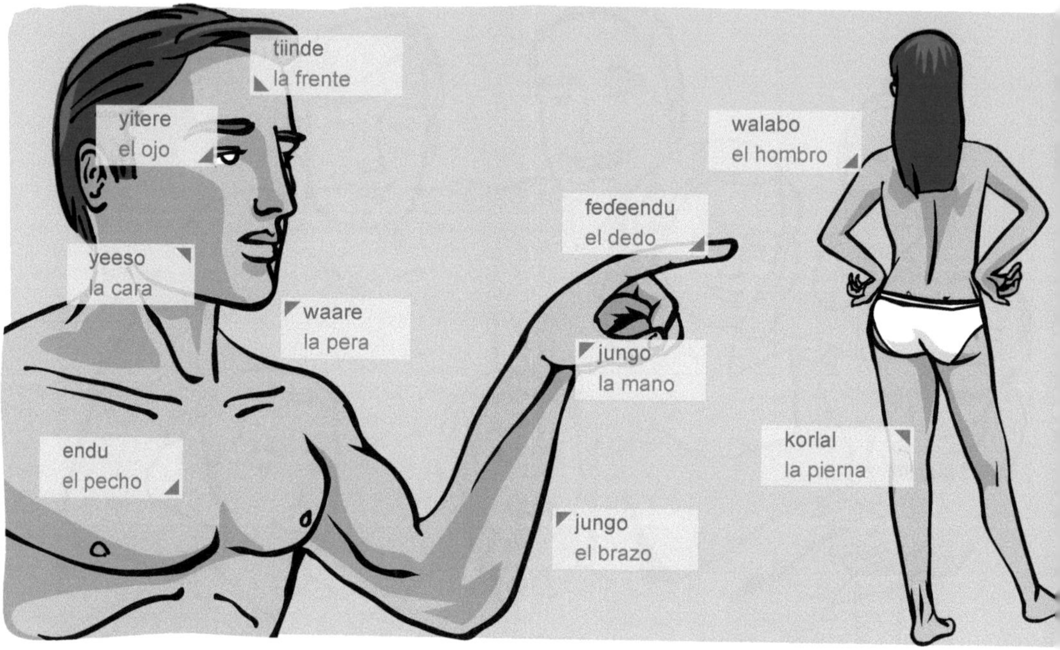

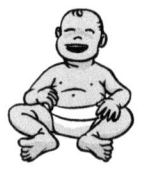

tiggu

el bebé

gorko

el hombre

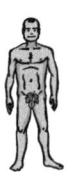

debbo

la mujer

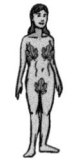

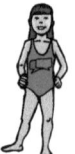

debbo

la nena

gorko

el nene

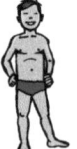

hoore

la cabeza

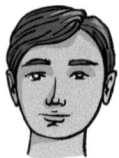

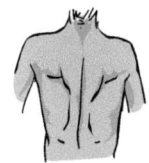

keeci

la espalda

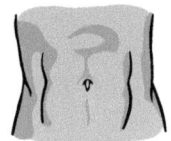

reedu

la panza

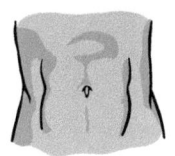

wudduru

el ombligo

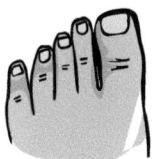

feɗeendu

el dedo del pie

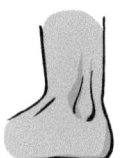

njaaɓordi

el talón

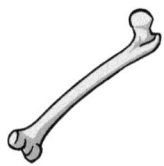

ÿiyal

el hueso

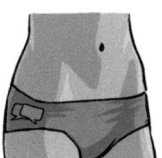

buhal

la cadera

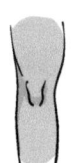

hofru

la rodilla

fooŋturu

el codo

hinere

la nariz

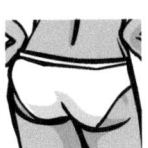

gaɗa

la cola

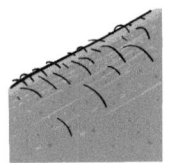

nguru

la piel

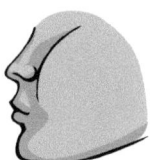

aɓɓuko

el cachete

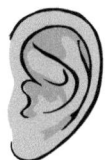

nofru

la oreja

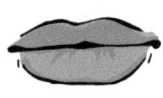

tondu

el labio

hunuko

la boca

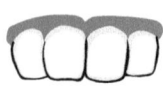

ñiire

el diente

ɗemngal

la lengua

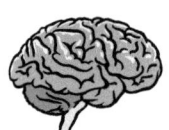

ngaandi

el cerebro

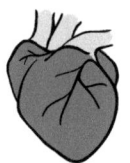

ɓernde

el corazón

ÿiye

el músculo

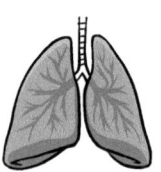

jofe

el pulmón

heeñere

el hígado

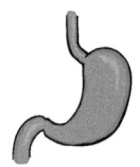

kuuse

el estómago

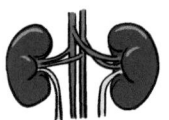

booÿe

los riñones

leldaade

el sexo

kawasal

el preservativo

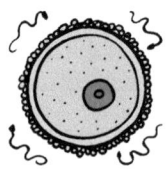

ɓoccoonde

el óvulo

maniiyu

el semen

cowagol

el embarazo

x

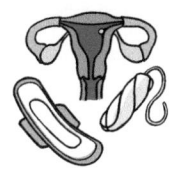

ella
....
la menstruación

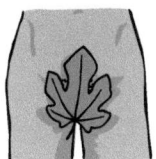

kottu
....
la vagina

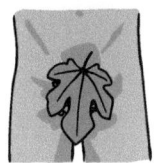

soolde
....
el pene

leeɓol yitere
....
la ceja

sukundu
....
el pelo

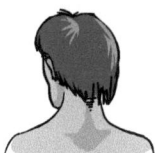

daande
....
el cuello

safrirdu

el hospital

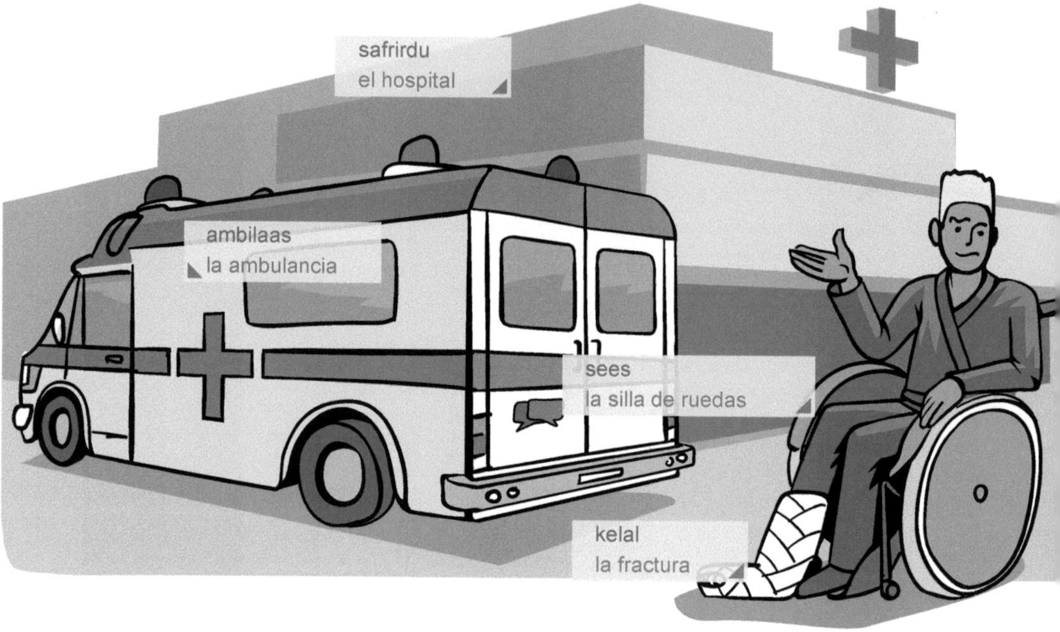

safrirdu
el hospital
ambilaas
la ambulancia
sees
la silla de ruedas
kelal
la fractura

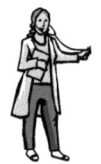

cafroowo

el médico

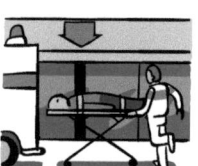

suudu heñaare

la sala de guardia

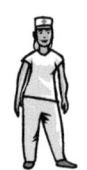

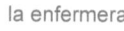

debbo cafroowo

la enfermera

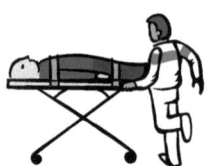

heñorde

la emergencia

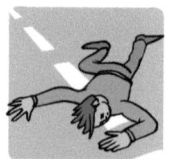

wondaane hakkile

inconsciente

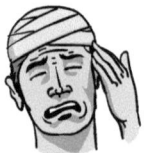

muuseeki

el dolor

gaañande
....
la lesión

tuɗde ÿiiÿam
....
la hemorragia

muuseeki ɓernde
....
el infarto

piigol
....
el ACV

nefo
....
la alergia

ɗojjude
....
la tos

ɓandu wulooru
....
la fiebre

pali
....
la gripe

ndogu reedu
....
la diarrea

hoore muusoore
....
el dolor de cabeza

kaaseer
....
el cáncer

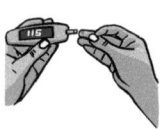

jabett
....
la diabetes

oppiroowo
....
el cirujano

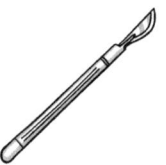

jaggirdi
....
el bisturí

oppeere
....
la operación

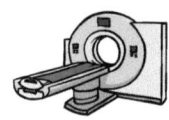

CT
la TC

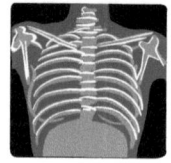

buuɗi x
los rayos x

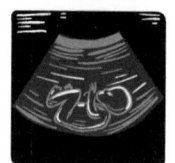

iltarasooŋ
la ecografía

huurirdu yeeso
el barbijo

rafi
la enfermedad

heblorde
la sala de espera

beeke
la muleta

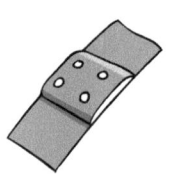

tabak
la curita

bandaas
la venda

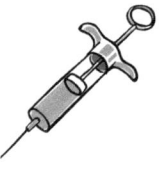

pinggu
la inyección

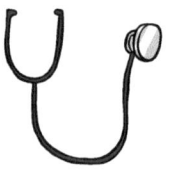

estetoskop
el estetoscopio

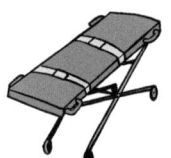

pooɗoowo
la camilla

termomeeter safrirdu
el termómetro

jibinande
el nacimiento

ɓuttiɗgol
el sobrepeso

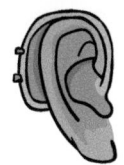

ballal nanirɗe

el audífono

laɓɓinoowo

el desinfectante

raaɓo

la infección

wiriis

el virus

SIDAA

el VIH / SIDA

lekki

el remedio

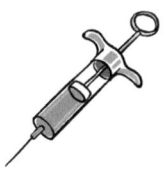

ñakko

la vacunación

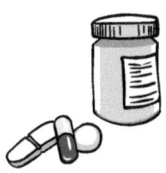

poɗɗe

los comprimidos

foɗɗere

la pastilla anticonceptiva

noddaango heñiingo

la llamada de emergencia

ÿeewtorde yaadu ÿiiyam

el tensiómetro

faawŋi / selli

enfermo / sano

Ballal

¡Ayuda!

pindinoowo

la alarma

njangu

la agresión

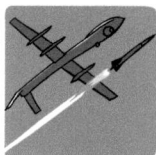

raaŋande

el ataque

boomre

el peligro

yaltirde yaawnde

la salida de emergencia

Jeyngol

¡Fuego!

ñifoowo jeyngol

el matafuego

aksida

el accidente

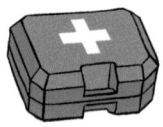

saawdu safaara gadano

el botiquín de primeros
auxilios

SOS

el SOS

poliis

la policía

Orop

Europa

Amarik Rewo

América del Norte

Amarik Worgo

América del Sur

Afirik

África

Aasi

Asia

Ostaraali

Australia

Atalantik

el Atlántico

Pasifik

el Pacífico

Maayo Endo

el Océano Índico

Maayo Antarkatik

el Océano Antártico

Maayo Arkatik

el Océano Ártico

Baŋe Rewo

el polo norte

Baŋe Worgo
....
el polo sur

Antarkatik
....
la Antártida

Leydi
....
la Tierra

leydi
....
la tierra

maayo
....
el mar

siire
....
la isla

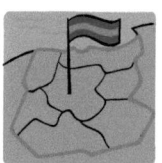

wuro
....
la nación

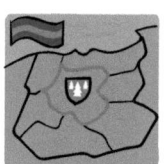

laamu
....
el estado

yeeso waktu

la esfera

jungo waktu

la manecilla de las horas

jungo hojoma

el minutero

jungo majaango

el segundero

hol waktu?

¿Qué hora es?

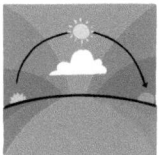

ñalawma

el día

saha

la hora

jooni

ahora

mantoor nattoowo

el reloj digital

hojoma

el minuto

waktu

la hora

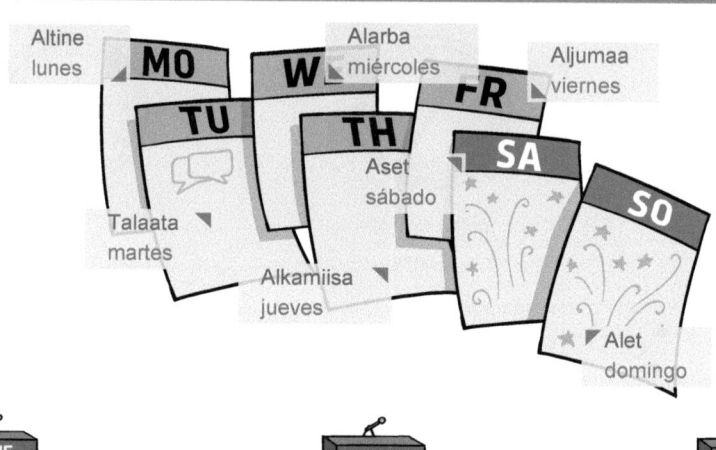

Altine
lunes

Alarba
miércoles

Aljumaa
viernes

Talaata
martes

Aset
sábado

Alkamiisa
jueves

Alet
domingo

hanki

ayer

hande

hoy

jango

mañana

subaka

la mañana

ñalawma

el mediodía

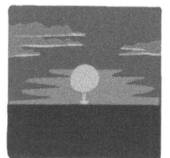

kikiiɗe

la tarde

biir

los días hábiles

ñalɗi

el fin de semana

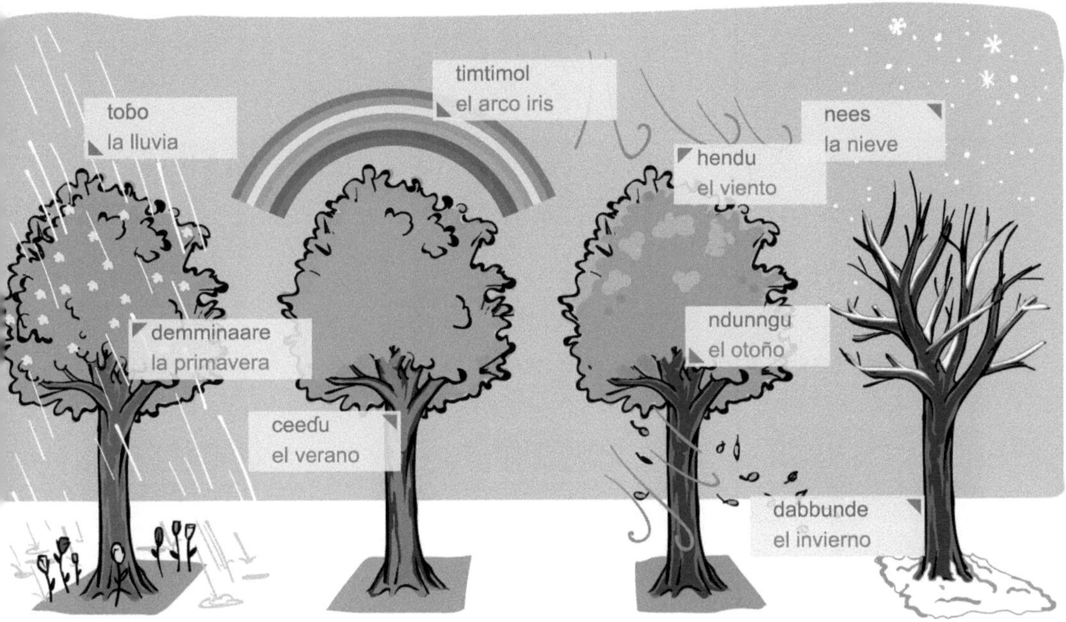

toɓo
la lluvia
timtimol
el arco iris
nees
la nieve
hendu
el viento
demminaare
la primavera
ndunngu
el otoño
ceeɗu
el verano
dabbunde
el invierno

4.APRIL 11°
5.APRIL 4°
6.APRIL 13°
7.APRIL 8°
8.APRIL 10°

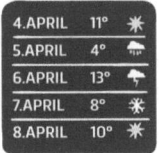

kabaaru weeyo

el pronóstico meteorológico

F C
120 90 60 30 0 -30
40 30 20 10 0 -10 -20

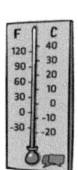

termomeeter

el termómetro

naaŋini

la luz del sol

ruulde

la nube

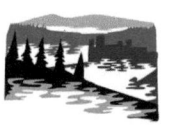

cuurki

la niebla

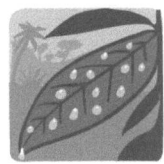

uddeende

la humedad

majje

el rayo

gidaango

el trueno

hendu

la tormenta

huɗɗni

el granizo

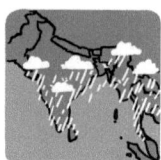

ruulɗini

el monzón

waame

la inundación

nees

el hielo

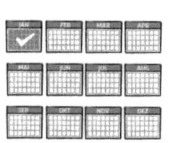

Siilo

enero

Colte

febrero

Mbooy

marzo

Seeɗto

abril

Duuyal

mayo

Korse

junio

Morse

julio

Juko

agosto

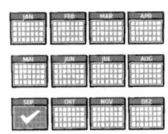

Siilto
....
septiembre

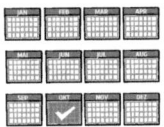

Yarkoma
....
octubre

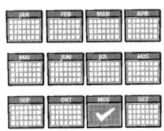

Jolal
....
noviembre

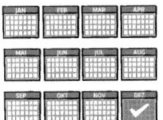

Bowte
....
diciembre

ɓalli

las formas

taarto
....
el círculo

yaajeendi
....
el cuadrado

yaajo
....
el rectángulo

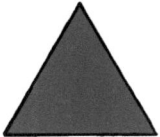

saraandi
....
el triángulo

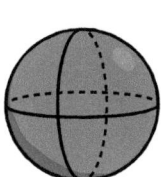

mbiifu
....
la esfera

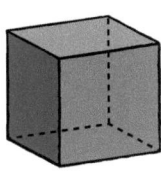

kiibb
....
el cubo

daneejo

blanco

oolo

amarillo

oraas

naranja

roos

rosa

boɗeejo

rojo

mboongu

violeta

bulaajo

azul

werte

verde

cooyo

marrón

puro

gris

ɓaleejo

negro

heewi / seeɗa

mucho / poco

seki / deeyi

enojado / tranquilo

yooɗi / soofi

lindo / feo

fuuɗorde / gasirde

el principio / el fin

mawɗo / tokooso

grande / chico

leeri / niɓɓiɗi

claro / oscuro

maniraaɗo / miñiraaɗo

el hermano / la hermana

laaɓi / tunwi

limpio / sucio

timmi / manki

completo / incompleto

ñalawma / jamma

el día / la noche

maayi / wuuri

muerto / vivo

yaaji / faaɗi

ancho / angosto

nano / nanotaako

comestible / no comestible

boni / moÿÿi

malo / amable

softi / yoomi

entusiasmado / aburrido

ɓuttiɗi / sewi

gordo / flaco

adi / wattindi

primero / último

sehil / gaño

el amigo / el enemigo

heewi / ɓolɗi

lleno / vacío

muusi / weeɓi

duro / blando

teddi / hoyi

pesado / liviano

heege / ɗomka

el hambre / la sed

faawŋi / selli

enfermo / sano

wona laawol / laawol

ilegal / legal

feerti / muddiɗi

inteligente / estúpido

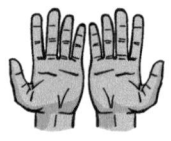

nano / ñaamo

izquierda / derecha

ɓatti / woɗɗi

cerca / lejos

keso / kiiɗɗo

nuevo / usado

ndiga / huunde

nada / algo

nayeejo / suka

viejo / joven

huɓɓi / ñifii

encendido / apagado

uditi / uddii

abierto / cerrado

deeÿi / dille

silencioso / ruidoso

alɗi / waasi

rico / pobre

goonga / fenaande

correcto / incorrecto

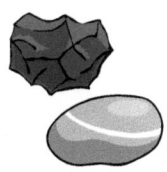

tiiɗi / nooyi

áspero / suave

metti / weli

triste / contento

raɓɓiɗi / juuti

corto / largo

leeli / yaawi

lento / rápido

leppi / yoori

mojado / seco

wuli / ɓuuɓi

caliente / frío

hare / jam

guerra / paz

0

ndiga

cero

1

gooto

uno

2

ɗiɗi

dos

3

tati

tres

4

nay

cuatro

5

joy

cinco

6

jeegom

seis

7

jeeɗiɗi

siete

8

jeetati

ocho

9

jeenay

nueve

10

sappo

diez

11

sappoy goo

once

12

sappoy điđi

doce

13

sappoy tati

trece

14

sappoy nay

catorce

15

sappoy joy

quince

16

sappoy jeegom

dieciséis

17

sappoy jeeđiđi

diecisiete

18

sappoy jeetati

dieciocho

19

sappoy jeenay

diecinueve

20

noogaas

veinte

100

teemedere

cien

1.000

ujunere

mil

1.000.000

miliyooŋ

el millón

Aŋale
....
el inglés

Aŋale Amarik
....
el inglés americano

Mandare Siinaaɓe
....
el chino mandarín

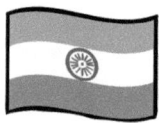

Hindi
....
el hindi

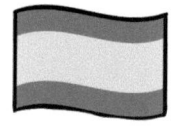

Espaɲool
....
el español

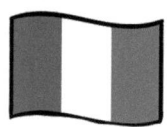

Farayse
....
el francés

Arab
....
el árabe

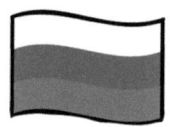

Riis
....
el ruso

Portigees
....
el portugués

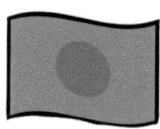

Bengali
....
el bengalí

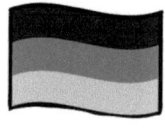

Almaa
....
el alemán

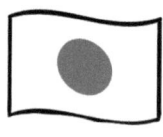

Sapponee
....
el japonés

miin

yo

an

vos

kanko / kanko / kanum

él / ella

minen

nosotros

onon

ustedes

kamɓe

ellos

holoon?

¿quién?

holɗuum?

¿qué?

holnoon?

¿cómo?

holtoon?

¿dónde?

mande?

¿cuándo?

inde

el nombre

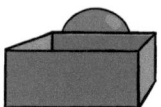

caggal

detrás

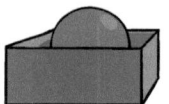

nder

en

sawndo

adelante de

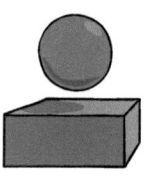

dow

por encima de

e

sobre

les

debajo de

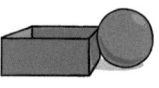

sara

al lado de

hakkunde

entre

nokku

el lugar